LIFE 副菜2

もうひと皿！

飯島奈美

つくりたてのお粥のからだがよろこぶようなおいしさ。
まぜごはんの、じんわりとしたうれしさ。
ぬたやかぼちゃ煮など、脇役だけれど
食卓に「あるとうれしい」料理のかずかず——。
主役のそばによりそうような
おいしさをめざして、この本をまとめました。

以前『ＬＩＦＥ』（第1巻）に「おむすび」のレシピを掲載しましたが、
こうした基本のものって、ちゃんとつくればつくるほど、
みんなが「おいしい！」と言ってくれるような味にできあがります。
副菜本の2冊目となる本書では、
いろいろなあたらしいレシピと取りまぜて、
そんな「家庭の定番」ともいえる料理を
自分なりにつくりやすく、
食べやすくしたレシピを収載しています。

また「タコライス」など、比較的あたらしい料理も、
外食でいただくのとはちがう「家庭的なつくりかた」を考えたり、
しょうが焼きを豚肉ではなく
なすとマグロでつくってみたり、
さばをトマトで煮てみたり。
定番的なレシピも
「ちょっとしたアレンジ」を加えることで、
とても新鮮なものにうまれかわります。

本書に掲載したレシピが、みなさんの毎日に
たのしさとおいしさを加えることに役立ったら、
とても嬉しく思います。

飯島奈美

もくじ

野菜を主役に
なすのおひたし　　6
きゅうりとささみのアボカド和え　　8
トマトとしらすのおろし酢和え　　10
サーモンとかぶの和風マリネ　　12
かぼちゃ煮　　14
ねぎぬた　　16
ねぎのオイスターソース漬け　　18
長いものしば漬け和え　　20
れんこんのオリーブオイル炒め　　22
れんこんのからし漬け　　24
わかめのおかか炒め　　26

おかずにも、おつまみにも
おからサラダ　　30
目玉焼きサラダ　　32
キャベツと桜えびのサラダ　　34
グラタンコロッケ　　36
きのこ入りにら卵　　38
じゃがいものタイ風あんかけ　　40
春雨と牛肉の甘辛和え　　42
しらすとねぎと海苔のかき揚げ　　44

魚のおかず
焼きさばみそ　　48
鮭の焼き漬け　　50
いわしの塩梅煮　　52

なすとまぐろのしょうが焼き	54
さばのトマト煮	56

肉のおかず

豚肉と野菜の蒸ししゃぶ	60
豚しゃぶ梅サラダ	62
豚肉のタバスコ焼き	64
セロリと豚肉のレモン炒め	66
ポークソテー ねぎソース	68

豆腐・卵・チーズ

肉豆腐	72
豚と豆腐のやわらか煮	74
揚げ豆腐のたれ漬け	76
変わり揚げ出し豆腐	78
切干だいこん入り卵焼き	80
オムレツの海苔ソース	82
えびとトマトのスクランブルエッグ	84
海苔・おかか・クリームチーズのおつまみ	86

ごはん

朝ごはんの手巻きずし	90
おかゆ	92
春菊とねぎの目玉焼きのせごはん	94
じゃこと油揚げの炊き込みごはん	96
トマトとなすの洋風卵とじごはん	98
タコライス	100

牛肉トマト煮ごはん	102
しば漬け炒飯	104
まぜごはん	106
かんたんパエリア	108
えびとフレッシュトマトのドリア	110

めんとスープ

あさりと海苔のとろみうどん	114
野菜のおろしそうめん	116
すいとん	118
卵とコーンのふるふるスープ	120
春雨入り高菜スープ	122
れんこんと黒ごまのすり流し汁	124

デザート

ミルクきなこぜんざい	128
あずきコーヒーアイス	130

コラム

ちいさな道具① トング	28
ちいさな道具② ミル	46
ちいさな道具③ 菜箸	58
ちいさな道具④ インド鍋	70
ちいさな道具⑤ あみじゃくし	88
ちいさな道具⑥ キッチンばさみ	126

野菜を主役に

「野菜が足りないなあ」というとき、
さっとつくれて、すぐに食べられるレシピです。
おいしいおみそ汁に炊きたてのごはんがあれば
この料理が主役になるかもしれません。
ちょっと多めにつくっておけば常備菜にもなりますし、
お弁当に添えたりしてもいいですよね。

なすのおひたし

ゆでたなすを、コクのあるタレで。
にんにくとしょうがの香りが食欲をそそります。
好みでタレに酢やレモン汁を加えたり、
サラダ油をごま油にかえると、
またちがう風味が楽しめますよ。

材料 2人分

なす ……………………… 3本
水 ………………………… 400cc
塩 ………………………… 小さじ1
おかか …………………… 適量
[A]
　しょうゆ ……………… 大さじ1/2
　おろししょうが ……… 小さじ1
　おろしにんにく ……… 少々
　サラダ油 ……………… 小さじ1

つくり方

① 鍋に水と塩を入れ火にかけ、沸騰させます。

② なすはヘタを取って皮をむき、タテ半分に切ります。

③ ①になすを入れ、クッキングペーパーなどで落としぶたをして、5〜7分ゆでます。

④ ザルにあげて水気を切り、食べやすい大きさに切ります。熱いので気をつけて。

⑤ 器に盛り、合わせた[A]とおかかをかけてできあがりです。

きゅうりとささみのアボカド和え

ささみはゆですぎるとパサパサになる食材。
やわらかく仕上げるには、余熱で火を通すのがコツです。
パンにはさんでサンドイッチにしても、
おいしく食べられますよ。

材料　2人分

アボカド …………………… 1コ
鶏のささみ ………………… 2本
塩 …………………………… 小さじ1/3
きゅうり …………………… 1本
レモン汁 …………………… 大さじ1
白すりごま ………………… 大さじ1

つくり方

① 鍋に水500cc、塩小さじ1(分量外)を入れ、火にかけ、
　軽く沸いてきたらささみを入れます。

② 弱火で3分したら火を止め、10分くらいそのままおきます。

③ アボカドを半分に切り、種を取り、
　身をスプーンですくってボウルに入れて粗くつぶし、
　塩、白すりごま、レモン汁を加えて混ぜます。

④ きゅうりは5mm厚の輪切りにして
　塩をひとつまみ(分量外)ふり、
　しんなりしたらキッチンペーパーで水分を取ります。

⑤ ささみを鍋から取り出し、手でほぐします。

⑥ ③のボウルに④のきゅうりと⑤のささみを入れ、
　さっくりと和えれば完成です。

トマトとしらすのおろし酢和え

梅干しの甘酢で和える、さわやかな小鉢です。
梅に含まれるクエン酸には疲労回復の効果も。
甘酢は冷蔵庫で1カ月ほど保存できますから、
多めにつくって常備しておくと、ドレッシングや冷やし中華のタレ、
かんたんちらし寿司などで楽しめます。
炭酸水で割った梅酢ソーダもおいしいですよ。

材料　2人分

トマト……………………………………… 1コ
しらす ……………………………………… 大さじ2
だいこんおろし（水気を切ったもの）… 1/2カップ
甘酢 ………………………………………… 大さじ2

[A]甘酢

前の日につくるなら多めに

| 梅干し…………………2コ
| 酢 ………………………大さじ6　　ここから大さじ2をつかいます。
| 砂糖 ……………………大さじ2

＊材料を混ぜて密閉容器に入れ、冷蔵庫で一晩おきます。
　梅干しは塩分15％のものを使いました。

当日つくるならこの量で

| 梅肉 ……………………大さじ1/2
| 酢 ………………………大さじ1　　全部つかいます。
| 砂糖 ……………………小さじ1

つくり方

① トマトのヘタをナイフでくり抜き、
おしりのほうに十字に切れ目を入れ、
沸騰したお湯に入れ、30秒ほど経ったら冷水に取って
皮をむき、くし形に切ります。

② 食べる直前に、だいこんおろし、①のトマト、[A]の甘酢、
しらすを和えてできあがりです。

サーモンとかぶの和風マリネ

スモークサーモンのピンク、かぶの白。
そのコントラストが目にもあざやかなマリネです。
ドレッシングの油は、お好みでオリーブオイルなどを
使ってもおいしいですよ。
かぶのかわりに、だいこんを使っても。

材料　2人分

スモークサーモン …………………70ｇ
かぶ ……………………………………3コ
かぶの葉 ……………………………適量
しょうが ……………………………少々
塩 ……………………………………ふたつまみ

[Ａ]ドレッシング
　サラダ油 ……………………大さじ1/2
　しょうゆ ……………………大さじ1/2
　酢 ………………………………大さじ1

つくり方

① かぶは5㎜厚の輪切りにし、
　塩ふたつまみをまぶしておきます。

② かぶの葉はゆでて、ざく切りにします。

③ しょうがをせん切りにします。

④ かぶの水気をふいて、スモークサーモンと
　交互に重ねながら器に盛り、しょうがのせん切り、
　かぶの葉を散らし、
　[Ａ]をまぜ、まわしかけてできあがりです。

かぼちゃ煮

ほくほくとした、やさしい甘さのかぼちゃ煮。
だしを使わないシンプルな味付けです。
おいしくつくるコツは、
煮汁を少し残した状態で火を止めること。
しばらくすると、かぼちゃが残りの煮汁をふくんで、
ほっこりと仕上がります。
残ったらつぶしてサラダにして、パンと合わせてもいいですよ。

材料　2〜3人分

かぼちゃ	1/4コ（約450ｇ）
塩	小さじ1/3
[A]	
水	300cc
砂糖	大さじ1/2
みりん	大さじ2
しょうゆ	小さじ1

つくり方

① かぼちゃの種を取り、ところどころ皮をむいて適当な大きさに切り、塩をまぶして10分おきます。

② 鍋に[A]を入れて、かぼちゃの皮を下にして平らに並べて火にかけます。

③ 沸騰したら中火にして落としぶた（またはアルミホイル）をし、約15分、楊枝がすっとささるくらいの固さになるまで煮ます。

④ 煮汁が少し残っている状態で火を止め、フタをしたまましばらくおいて味をなじませます。

ねぎぬた

長ねぎと九条ねぎ、2種類のねぎを合わせました。
九条ねぎのかわりに細ねぎやわけぎでも。
蒸し煮することで水っぽくならず、しゃっきりした食感に。
みそはお好みでお選びいただきたいのですが、
白みそを使う場合は砂糖の分量を少なめにしてくださいね。
少し酸味を効かせているので、苦手なかたは酢を少なめに。

材料 2〜3人分

- 長ねぎ ……………… 1本
- 九条ねぎ …………… 3本
- 塩 …………………… 少々
- 酒 …………………… 大さじ1
- 水 …………………… 大さじ1
- [A]酢みそ
  - みそ(好みのもの) …… 大さじ2
  - 酢 …………………… 大さじ2
  - 砂糖 ………………… 大さじ1〜2
  - からし ……………… 小さじ1

つくり方

① 長ねぎは5cmの長さに切ってタテに4等分します。

② 九条ねぎは5cmの斜め切りにします。

③ フライパンに長ねぎ、九条ねぎ、塩、酒、水を入れてフタをして、火にかけます。

④ 火が通って水分が出てきたらフタを外して軽く水分を飛ばし、火を止めて粗熱をとります。

⑤ ねぎを器に盛り、[A]を合わせ、かけてどうぞ。

ねぎのオイスターソース漬け

やわらかく蒸し煮にして、とろりとうまみを増した長ねぎは、オイスターソースとの相性が抜群。
お酒のおつまみにも、ごはんのおかずにもなりますよ。

材料　2人分

長ねぎ ……………………… 1本
しいたけ …………………… 4枚
にら ………………………… 1/3束
水 …………………………… 100cc
[A]
　オイスターソース ……… 大さじ1
　酢 ………………………… 大さじ1/2
　ごま油 …………………… 小さじ1

つくり方

① 長ねぎは5cmの長さに切ってから、
　タテ半分に切ります。

② しいたけを4等分にスライスします。

③ にらを5cmに切ります。

④ 鍋に、①の長ねぎと②のしいたけを入れ、水を加え、
　フタをして蒸し煮にします。

⑤ 長ねぎとしいたけに火が通ったら、③のにらを入れ、
　さっと混ぜて火を通し、ザルにあげて水を切り、冷まします。

⑥ 合わせた[A]に、味がなじむまで漬けてどうぞ。

長いものしば漬け和え

少し余ってしまった漬物を有効活用できるレシピです。
長いものシャキシャキ感と、しば漬けのポリポリ感。
ふたつの歯ごたえがおいしく調和します。
しば漬けのかわりにたくあんでも。
薄切りのゆでだこを一緒に和えればさらに豪華になりますよ。

材料 4人分

長いも	200g
しば漬け	30g
ゆかり	小さじ1
酢	小さじ1/2

つくり方

① 長いもは皮をむき、5㎜の厚さの輪切りにしてから、半分に切ります。

② しば漬けは水気を取り、粗く切ります。

③ ①の長いもと②のしば漬けをボウルに入れ、ゆかりと酢で和えればできあがりです。

れんこんのオリーブオイル炒め

オリーブオイルで炒めることで、洋風のおかずの副菜として
ぴったりの一品になりました。
焼き目をつけたれんこんの
シャキシャキした食感を楽しんでください。
トウガラシを加えてピリ辛にしたり、
ひき肉を入れるなどのアレンジもいいですよ。

材料 4人分

れんこん	200g
オリーブオイル	大さじ1
あらびき黒こしょう	少々
[A]	
うすくちしょうゆ	小さじ1
酒	小さじ1

つくり方

① れんこんは皮をむき、薄切りにし、酢少々(分量外)を入れた水に5分ほど浸し、ザルにあげて水を切ります。

② フライパンにオリーブオイルをひき、れんこんの水気をしっかり切ってから炒めます。あまりいじらず、両面に焼き目をつけるようにします。

③ れんこんに火が通ったら[A]を合わせて入れ、さっと混ぜて火を止めます。

④ 仕上げにあらびき黒こしょうをふってできあがりです。薄ければ、塩(分量外)で調味してくださいね。

れんこんのからし漬け

メインが肉料理のときは、こんな副菜はいかがでしょう？
れんこんのシャキシャキした食感を楽しむ、
箸休めにぴったりの一品です。

材料 2人分

れんこん……………… 150g
塩昆布………………… 適量（刻んで小さじ1/2〜1になる程度）
黒すりごま…………… 少々
[A]
- 水……………… 100cc
- からし………… 小さじ1
- 塩……………… 小さじ2/3
- 酢……………… 小さじ1/2

つくり方

① れんこんの皮をむき、薄い半月切りにして、酢水（分量外）に5分間つけておきます。こうすることでシャキシャキ感がうまれます。

② 塩昆布を粗く刻み、[A]と合わせておきます。

③ ①のれんこんを水洗いし、沸騰したお湯に入れ、歯ごたえが残る程度に1〜2分ゆでます。

④ ③のれんこんをザルにあげて水気を切り、②に30分漬けます。

⑤ 器に盛り、黒すりごまをかけてできあがりです。

わかめのおかか炒め

ふだんは脇役になりがちなわかめを主役にした、
ミネラルたっぷりの一皿です。
とても簡単に、さっとつくることができるので、
忙しい日の「もう一品」としてもおすすめですよ。
長ねぎをにんじんのせん切りにかえると、
またちがったおいしさになります。

 材料　2人分

塩蔵わかめ	40ｇ（乾燥わかめを戻しても）
長ねぎ	1本
サラダ油	大さじ1/2
おかか	約2ｇ（小分けのパック1/2袋）
[A]	
しょうゆ	大さじ1/2
みりん	小さじ1

つくり方

① 塩蔵わかめをパッケージの表示通りに塩抜きし、5㎝の長さに切ります。

② 長ねぎを5㎜厚の斜め切りにします。

③ 熱したフライパンにサラダ油をひき、長ねぎを入れ、焼き目がついたらわかめを加えてさっと炒めます。

④ [A]とおかかを加え、なじむまで炒めればできあがりです。

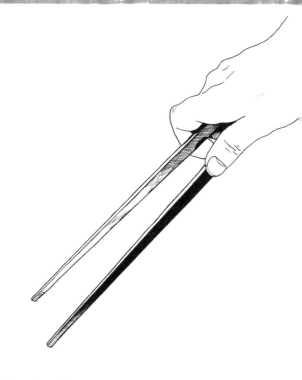

ちいさな道具① トング

肉など、ある程度の重量のあるものを、
フライパンや鍋の中で返すのに便利なトング。
なかなか「これぞ！」というものに
巡り合わない道具のひとつです。
ステンレス製、金属製、金属にシリコンのついたものなど、
いろいろな素材がありますが、
あまり力を入れずに、しっかり摑める、
ひっくり返したい食材をピンポイントではさめるよう、
先端が細くなっているものを好んで使っています。
大きさは、あまり小さい(短い)と
油はねがあったときなどに熱いので、
菜箸くらいの長さのある、
少し大きめのものを使っています。

おかずにも、おつまみにも

お酒の好きな人にはおつまみに、
ごはんをもりもり食べたいときには、
主菜のそばにあるとうれしいおかずに。
そんなレシピをならべました。
食材も、ふだん手にいれやすいものばかりですよ。

おからサラダ

ポテトサラダとは異なる見た目と食感。
ほんのり酸味のある、しっとり&こっくりな洋風仕立てです。
あたたかな出来たても、味がなじんだ翌日も、
どちらも楽しめるべんりな副菜。
さつまあげのかわりにツナやハム、
きゅうりのかわりにゴーヤなど、いろいろ工夫をしてみてくださいね。

おかずにも、おつまみにも

材料　4人分

おから……………200g
さつまあげ………2枚
　　　　　　　（約80g）
きゅうり…………2本
オリーブオイル…大さじ1/2

[A]
- ヨーグルト…………大さじ4
- 牛乳…………………大さじ2〜4（＊）
- ＊おからの水分量によって、牛乳の量を調節します。水分が少ないと、マヨネーズをたくさん入れてなめらかにしようとしがちですが、牛乳とヨーグルトでしっとりさせておけば、マヨネーズが大さじ3〜4ですみますよ。

マヨネーズ………大さじ3〜4
塩…………………小さじ1/2
こしょう…………少々
白すりごま………大さじ1

つくり方

① おからは耐熱容器に入れ、[A]を混ぜて加え、ふわっとラップをし、2〜3分ほどレンジで加熱します。

② 取り出したらラップをはずし、冷ましておきます。

③ きゅうりは3㎜厚の輪切りにし、塩小さじ1/3（分量外）をまぶし、しんなりしたら水を絞ります。

④ さつまあげは2㎝幅に切ってから、向きを変えて薄切りにします。

⑤ ②のおからに③のきゅうりと④のさつまあげ、オリーブオイル、マヨネーズ、塩・こしょうを加え、味をみて薄ければ、塩かマヨネーズ（分量外）でととのえます。

⑥ 器に盛り、白すりごまをふってできあがりです。

目玉焼きサラダ

タイの食堂で食べた目玉焼き入りのサラダがおいしくて、
それを家でつくれるようにと考えました。
カリカリに焼いた目玉焼きを、
熱いうちに野菜と和えるのがポイントです。
野菜がしんなりしたところをどうぞ。

おかずにも、おつまみにも

材料　2人分

卵	2コ
レタス	100g
たまねぎ	1/4コ
トマト	1コ
香菜	適量
ハム	3枚
サラダ油	少々
砂糖	ひとつまみ

[A]
- 酢またはレモン汁 … 大さじ1
- サラダ油 … 大さじ1
- ナンプラー … 小さじ1
- 塩 … 小さじ1/3
- 黒こしょう … 少々

つくり方

① レタスは食べやすい大きさにちぎって水に入れ、パリッとしたらザルにあげ、しっかりと水気を切ります。水切りにはサラダスピナー(野菜の水切り器)があると便利です。

② トマトはくし形、香菜は3㎝に切り、ハムは食べやすい大きさに手でちぎります。

③ たまねぎを薄くスライスして水にさらし、水気を切っておきます。

④ フライパンにサラダ油をひき、卵を割り入れ、両面焼きの目玉焼きにし、4等分に切ります(焼き加減はお好みで)。

⑤ ボウルに、①のレタス、②のトマトとハム、③のたまねぎ、④の目玉焼きを入れ、[A]を合わせて和えればできあがりです。

キャベツと桜えびのサラダ

たっぷりのキャベツを使ったコールスロー風のサラダです。
カリカリに焼いた香ばしい桜えびに、
すだちの酸味がアクセント。
桜えびはじゃこにかえてもおいしく、
また大葉は海苔や青海苔でも。
仕上げに白ごまを加えるとより香ばしく仕上がります。

おかずにも、おつまみにも

材料　4人分

キャベツ	1/3玉
桜えび	10g
薄力粉	大さじ1と1/2
水	大さじ2
サラダ油	大さじ2
すだちの絞り汁	2コ分（または酢大さじ1）
塩	少々
大葉	4枚

つくり方

① キャベツは洗って水気を切り、太めのせん切りにし、ボウルに入れておきます。

② 桜えびを別のボウルに入れ、薄力粉と水を加えて混ぜます。

③ 小さめのフライパンにサラダ油を熱して、②を全て流し入れ、かりっとするまで両面を焼きます。

④ ①のキャベツに③を熱々のまま油ごと入れ、混ぜ合わせます。

⑤ 塩と、すだちの絞り汁を加えてさらに和え、刻んだ大葉を混ぜればできあがりです。

グラタンコロッケ

オーブンで仕上げる焼きコロッケです。
オーブンを使わないご家庭でしたら、
パン粉をフライパンで茶色くなるくらいまでから煎りして、
熱々の状態で最後に振りかける、という方法も。
じゃがいもをさといもにかえてもおいしいですよ。

おかずにも、おつまみにも

材料　2人分

じゃがいも ……… 中5コ
鶏ひき肉 ……… 100g
たまねぎ ……… 1/4コ
　　　　　　　（みじん切り）
れんこん ……… 100g
サラダ油 ……… 小さじ1

[A]
- うすくちしょうゆ … 大さじ1
- 砂糖 ……… 大さじ1/2
- 酒 ……… 大さじ1

[B]
- 牛乳 ……… 200cc
- バター ……… 大さじ1
- 塩 ……… 小さじ1/2
- こしょう ……… 少々

パン粉 ……… 大さじ4
サラダ油 ……… 小さじ2

つくり方

① れんこんの皮をむき粗みじん切りにし、5分ほど酢水（分量外）につけ、水で洗いザルにあげておきます。

② 熱したフライパンにサラダ油小さじ1をひき、鶏ひき肉、たまねぎ、①のれんこんを炒め、[A]で味付けします。

③ じゃがいもの皮をむき、4等分に切り、鍋にひたひたの水と塩少々（分量外）を加えゆでます。

④ やわらかくなったらお湯を切り、鍋に戻して粗くつぶし、[B]を加え、マッシュポテトのように混ぜながら煮ます。

⑤ なめらかになったら②を加え味をみて、薄いようなら塩、こしょう（分量外）で味をととのえます。

⑥ 焼き皿に⑤を入れ、サラダ油を混ぜたパン粉をのせ、220℃のオーブンで10～15分こんがり焼く。

きのこ入りにら卵

しいたけをじっくりと、縮んでしまうくらいに炒めるのが、
うまみを増すポイントです。
にらのかわりに、三つ葉や、2㎝くらいに刻んだ細ねぎでも。
最後に両面を焼くときは、しょうゆをすこし焦がし気味に
仕上げるのがおすすめです。

おかずにも、おつまみにも

材料　2人分

卵	3コ
にら	1/2束
しいたけ	3枚
サラダ油	大さじ2（分けて使います）
塩	小さじ1/2
こしょう	少々
しょうゆ	小さじ1/3

つくり方

① 卵をボウルに割り入れ、
塩、こしょうを加え、溶いておきます。

② フライパンに油大さじ1をひき、
5mmにスライスしたしいたけをじっくり炒めます。

③ 火が通ったら残りの油を足し、
卵を入れてざっくり混ぜます。

④ 半熟になりかけたら、にらを加えて炒め、
全体を半分に折り、
しょうゆをかけて両面を焼いて香ばしく仕上げます。

じゃがいものタイ風あんかけ

タイの料理からヒントを得た、エスニック風味の肉じゃがです。
ほっこり焼きあげたじゃがいもを
ナンプラーとはちみつの甘いタレでどうぞ。
このレシピでは鶏のささみであっさり仕上げましたが、
むね肉やもも肉、あるいはいかやえびなどでもおいしいですよ。

材料 2〜3人分

じゃがいも	2〜3コ
鶏のささみ	2本
香菜	適量
サラダ油	少々
酢	ひとたらし

[A]
- ナンプラー ………… 小さじ2
- 酒 …………………… 小さじ2
- はちみつ …………… 小さじ2
- 片栗粉 ……………… 小さじ1
- 水 …………………… 100cc

つくり方

① じゃがいもの皮をむき、
7mmの輪切りにし水に浸しておきます。

② ささみは斜めに薄くそぎ切りにします。

③ 香菜を刻んでおきます。

④ じゃがいもの水気を切り、サラダ油をひいたフライパンで
じっくり両面をこんがり焼いて、
火が通ったら器に盛ります。

⑤ [A]を小鍋に入れ、混ぜながら中火にかけ、
沸騰してきたら②のささみを入れます。

⑥ ささみに火が通ったら酢をひとたらしし、
じゃがいもにかけます。

⑦ 最後に香菜を散らしてどうぞ。

春雨と牛肉の甘辛和え

韓国のおそうざいであるチャプチェをアレンジ。
手に入りにくい韓国春雨のかわりに、中国春雨を使っています。
焼き豆腐を入れたり、絹さやのかわりににらを使っても。
(にらは火が通りやすいので、最後に入れましょう。)
辛いものが好きな方は、一味唐辛子をかけてもいいですね。

おかずにも、おつまみにも

材料　2〜3人分

- 牛肉 …………… 150g
- 春雨 …………… 80g
- たまねぎ ………… 1/2コ
- 赤ピーマン ……… 1コ
- しいたけ ………… 3枚
- [A]
    - しょうゆ …… 大さじ2と1/2
    - みりん ……… 大さじ1と1/2
    - 酒 …………… 大さじ1
- 絹さや …………… 10枚
- サラダ油 ………… 大さじ1/2
- 塩 ………………… 適量
- こしょう ………… 適量
- 白すりごま ……… 少々
- [A]
    - 砂糖 ………… 大さじ1
    - ごま油 ……… 大さじ1
    - おろしにんにく … 小さじ1/2
    - 黒こしょう … 少々

つくり方

① 春雨をゆで、水で洗い、ザルにあげ、さらに水分を絞っておきます。

② 牛肉を1cm幅に切り、ボウルに入れ、[A]と合わせて漬けておきます。

③ たまねぎとしいたけを薄くスライス、赤ピーマンを細切りに、絹さやは筋を取ってせん切りにしておきます。

④ フライパンにサラダ油をひき、③を軽く炒め、取り出しておきます。

⑤ ②を汁ごとフライパンに入れ火にかけ、肉に火が通ったら、①と③を入れ、汁気がほぼなくなるまで炒め合わせ、塩、こしょうで味をととのえます。

⑥ 皿に盛り、仕上げに白すりごまをふってどうぞ。

しらすとねぎと海苔のかき揚げ

かりっと揚がったしらすと、
海苔の組み合わせが香ばしい一品です。
おかずとしてはもちろん、おつまみにも。

おかずにも、おつまみにも

材料　2人分

しらす ……………… 50g
細ねぎ(小口切り) …… 大さじ2
薄力粉 ………………… 大さじ1強 (すり切らないで盛る)
水 ……………………… 大さじ1
白ごま ………………… 小さじ1/2
揚げ油 ………………… 適量
海苔 …………………… 1枚

つくり方

① しらすと刻んだ細ねぎに、薄力粉をまぶします。

② ①に水を加え、白ごまを混ぜます。

③ フライパンに、1cmの深さまで油を入れ、
　1枚を16等分(5cm角程度)にした海苔に、
　②をスプーンなどですくって適量のせ、
　170℃で揚げます。

④ 1分ほど揚げたらひっくり返して
　さらに軽く揚げてできあがりです。

ちいさな道具② ミル

黒こしょうや白こしょう、山椒、花椒、
ナツメグなどのスパイスは、
ホール（粒）で用意しておいて、
挽き立てを使うのがいちばん風味がよいものです。
煎りごまをすりごまにして使うときも、
すりたてがいちばんフレッシュ。
そのときに欠かせないのがミルです。
小ぶりで、セラミック刃、
補充がしやすいかたちのミルを、
ひとつのスパイスや調味料について
１つずつ用意しています。
ちなみに、スパイス類は冷凍庫に保存しておくと、
色や香りが長持ちします。

魚のおかず

さば、鮭、いわし、まぐろ。
家庭料理の定番的なお魚を使って、
「ちょっとだけ、いつもとちがう」
おかずを考えました。
ごはんがもりもりすすむレシピですし、
お酒のおつまみにしていただいてもいいですよ。

焼きさばみそ

手軽にできる「さばみそ」です。
さばをフライパンで焼き、合わせみそをからめるだけ。
野菜もいっしょに焼きますから、
フライパンひとつで完成します。
お好みでからしや豆板醬を加えるとピリ辛に、
さばを、いわしやかじきまぐろ、鮭にかえてもいいですよ。

魚のおかず

 **材料　2人分**

さば ……………………… 半身
サラダ油 ………………… 小さじ1
たまねぎ ………………… 1/4コ
ししとう ………………… 4本
[A]
　みそ ……………… 大さじ1と1/2
　酒 ………………… 大さじ1と1/2
　砂糖 ……………… 大さじ1と1/2
　水 ………………… 大さじ1と1/2
　しょうゆ ………… 小さじ1
　酢 ………………… 小さじ1

 つくり方

① さばに包丁で切れ目を入れ、半身を4等分に切ります。

② たまねぎの皮をむき、1㎝のくし形に切ります。

③ ししとうは、焼いているときに破裂しないように
　切れ目を入れておきます。

④ フライパンにサラダ油をひき、
　さばの皮を下にして入れ、
　フタをして中火で焼きます。

⑤ 7割方焼けたらひっくり返して、
　たまねぎ、ししとうを入れて焼きます。

⑥ さばが焼けたら、合わせた[A]を加えてからめます。
　煮詰め具合はお好みでどうぞ。

鮭の焼き漬け

新潟で買った「鮭の焼き漬け」がとてもおいしくて、
それを家で簡単につくれるようにと、このレシピを考えました。
焼きたての鮭を漬けると、脂がジュワッと音を立てて、
調理も楽しいんです。
食べるときは、冷蔵庫で冷やしても、常温でも。
南蛮漬けのように酸味の強い味がお好みのかたは、
お酢を足してもいいですよ。

魚のおかず

材料　3〜4人分

トラウトサーモンまたは生鮭 ……… 2〜3切れ
ししとう ………………………………… お好みで
[A]
　昆布だし …………… 130〜180cc
　しょうゆ …………… 大さじ4〜5
　酒 …………………… 大さじ3
　みりん ……………… 大さじ1
　砂糖 ………………… 大さじ1/2

つくり方

① [A]を小鍋に入れ火にかけます。
沸騰したら火を止めて冷まします。

② サーモンは半分に切り、網か魚焼きグリルで焼きます。
しっかり焦げ目がついたほうが香ばしくておいしいので、
バーナーなどで焼き目をつけても。
ししとうを入れるときは、このとき一緒に焼きます。

③ ②を、熱いうちに①の漬け汁に浸します。
ポリ袋を使ってもいいですよ。

④ そのまま2時間以上漬けておけば完成です。

いわしの塩梅煮

脂ののったいわしと梅干しは抜群の相性。
いつものしょうゆ味を塩味にしてみたら、
素材のおいしさが引き立ちます。
塩をしょうゆ（大さじ2）にかえると、
ふだんのいわしの梅煮になります。
その場合はお好みで砂糖を増やして、甘辛にしても。

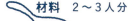 **材料** 2〜3人分

いわし……………… 4〜6尾
梅干し……………… 2コ
昆布………………… 5㎝角1枚
水…………………… 200cc
酒…………………… 100cc
みりん……………… 大さじ2
砂糖………………… 大さじ1/2
塩…………………… 小さじ1

 つくり方

① いわしの頭、内臓を取り、流水でよく洗って
水気をふきとります。

② 鍋にいわし以外の材料をすべて入れ、
火にかけます。

③ 煮立ったらいわしを入れ、
再び沸騰したらアクをとり、落としぶたをして約10分、
煮汁の量が半分くらいになるまで煮れば
できあがりです。

なすとまぐろのしょうが焼き

まぐろのだしを含んでおいしくなったタレを
残さずいただきたくて、なすにしみ込ませることを考えました。
なすに塩をふる下処理は、アクを抜くだけでなく、
水分が出てくるので、
焼くときの油が少なくてすみます。

材料　2〜3人分

かじきまぐろ	2切(180〜200g)
なす	3本
塩	少々
サラダ油またはごま油	大さじ2〜3

[A]
- しょうゆ　　　大さじ1と1/2
- みりん　　　　大さじ1と1/2
- 酒　　　　　　大さじ1と1/2
- おろししょうが　大さじ1/2

つくり方

① バットにキッチンペーパーを敷いて、薄く塩をふり、縦に薄切り(7〜8mmの厚さ)にしたなすを並べ、その上に薄く塩をして、さらにペーパーを重ねます。そのままお皿などで軽く重しをして2〜3分ほどおきます。

② フライパンに油をひき、なすの両面を焼き、皿に盛ります。

③ かじきまぐろをそぎ切りし、②と同じフライパンに油を適量ひいて焼き、合わせておいた[A]をまわし入れ、1〜2分煮つめます。

④ ②のなすの上に③をタレごとかけてどうぞ。

さばのトマト煮

和のおかずとしておなじみのさばの煮付けに、トマトをプラス。
ほろりと煮くずれたトマトを、さばにからめながら食べます。
トマトの酸味とうま味が、さばとよく合うレシピです。
写真は汁が多めですが、味のしみたさばを取り出してから
トマトをつぶして汁を煮詰め、ソースのようにしてもいいですね。

魚のおかず

材料 2人分

さば……………………… 半身1枚
トマト…………………… 1コ
[A]
　水 ……………………… 180cc
　しょうゆ …………… 大さじ2
　みりん ……………… 大さじ2

つくり方

① さばは半分に切り、皮に切れ目を入れます。

② トマトをくし形に切ります。

③ 鍋に[A]を入れて火にかけ、さばを加えます。

④ 沸騰したら、おたまで汁をすくって皮にかけ、白っぽくなったらトマトを入れます。

⑤ 落としぶたをして、中火で7～8分煮ます。

⑥ 火をとめて、しばらく味をなじませてから、器に盛ります。

ちいさな道具③ 菜箸

菜箸は、ぱっと掴んですぐ使うものですし、
長さや太さがまちまちだと、
組み合わせがわからなくなってしまいますから、
複数、同じものがあると便利です。
私はよさそうな菜箸を見つけると、
同じものを3組くらい揃えるようにしています。
太さは、ふつうの箸と同じくらいで、
角のない、丸みを帯びたものが使いやすいと感じます。
長すぎると逆に使いづらいことがありますが、
なかなかぴったりのものがないのが、
悩みでもあります。

肉のおかず

「豚肉」を使ったおかずを5品考えました。
もちろん、豚肉でなければ、ということはなく、
牛や鶏でも応用していただけるレシピです。
お弁当のおかずにも、
ぜひ使ってみてくださいね。

豚肉と野菜の蒸ししゃぶ

野菜をピーラーで薄くむくと、シャキシャキとした食感がたのしく、
たっぷりと食べられるのがいいところ。
調理時間も短縮できるんです。
水に加えて、煎り緑茶と酒を使うことで、
蒸気の香りをよくし、食材もふっくらと。
コンロごと食卓のまんなかに置いて、できたてをどうぞ。
タレにお好みでおろしにんにくやラー油を加えても。
この材料とタレで、ふつうのしゃぶしゃぶにしてもいいですよ。

材料　4人分／蒸し器3回分

豚肉
（しゃぶしゃぶ用）…… 約300g
レタス …………………… 1玉
だいこん ………………… 1/2本
にんじん ………………… 1本
セロリ …………………… 1本
しめじ …………………… 1パック
緑茶（茶葉）……………… 大さじ1/2

酒 ………………………… 200cc
水 ………………………… 1000cc

[A]
長ねぎ ………… 10cm
ごま油 ………… 大さじ1
ぽん酢 ………… 100cc

つくり方

① [A]を合わせてタレをつくります。
粗めのみじん切りにした長ねぎを小鉢に入れ、
フライパンで熱したごま油を、熱々のまま
長ねぎにジュッっとかけ、ぽん酢を加えて混ぜます。

② 鍋を火にかけ、緑茶を入れ香りが出るまで軽く煎り、
酒、水を加え沸騰させます。

③ だいこん、にんじん、セロリは
ピーラーで薄くひらひら状にします。

④ しめじは石づきを取り、小房に分けます。

⑤ レタスを食べやすい大きさにちぎります。

⑥ ②の鍋の上にセットした蒸し器に、
野菜ときのこを入れ（分量の1／3程度）、
豚肉（100g程度）を広げながら上にのせます。

⑦ フタをして蒸し、火が通ったら、①につけながらどうぞ。
食べ終わったら、同じように食材を入れて再び蒸しましょう。

豚しゃぶ梅サラダ

すりおろしたトマトを混ぜた梅ダレが、意外なおいしさ。
色もよく合い、トマトのうま味と梅干しのうま味が重なって、
味の相性もいいんです。
（ここでは塩分14％の梅干しを使っています。）
豚肉につける片栗粉は、使いすぎると衣が厚くなり、
おいしい食感を損なうので注意してくださいね。

肉のおかず

 **材料** 2～3人分

豚肉
（しゃぶしゃぶ用）…200g
たまねぎ …………… 1/2コ
かいわれ …………… 1パック
酒 ………………… 大さじ2
片栗粉 …………… 小さじ1
ぽん酢 …………… 大さじ1
梅肉 ……………… 大さじ1
　　　　　（梅干し 大1コ分）

[A]
　トマト（すりおろしたもの）………… 大さじ4
　うすくちしょうゆ ………………… 小さじ1
　オリーブオイル …………………… 小さじ1

 つくり方

① 酒と片栗粉を混ぜ合わせます。

② 豚肉に①をからめ、熱湯にくぐらせます。
火が通ったら冷水に取り、ザルにあげ、
水気を切っておきます。

③ たまねぎをスライスして、
水にさらしてから水気を切っておきます。

④ 梅肉を包丁で細かくたたき、
ペースト状にしてボウルに入れ、
[A]を加えてなめらかになるまで混ぜて梅ダレをつくります。
（すりばちを使ってもいいですよ。）

⑤ ③のたまねぎとかいわれをぽん酢で和え、皿に盛り、
②の豚肉をのせ、④をまわしかけてできあがりです。

豚肉のタバスコ焼き

大皿にどーんと盛ってテーブルに。
こんがり焼いた豚肉を、野菜で巻いていただきます。
苦味の少ないグリーンカールを使っていますが、
なければサニーレタスなどで代用できます。
中に巻く野菜は、生で食べられるものならなんでもOKなので、
いろいろと工夫してみてくださいね。
タバスコは、加熱すると、生とはちがう風味が出るんですよ。

肉のおかず

材料　2人分

豚ばら肉または
豚肩ロース肉（スライス）………150g
グリーンカール ……………………適量
セロリ ………………………………1/2本
にんじん ……………………………1/2本
[A]
- 塩 ……………………………小さじ約1/2
- こしょう ……………………少々
- おろしにんにく ……………小さじ1/4

[B]
- レモン汁 ……………………大さじ1/2
- タバスコ ……………………15ふり

つくり方

① 豚ばら肉を、5〜6cmのせん切りにします。

② セロリ、にんじんをスティック状に切ります。

③ フライパンを熱し、肉を入れて両面こんがりと焼きます。
途中で脂が出るので、余分な脂を
キッチンペーパーで吸い取りましょう。

④ ③に[A]を加えひと混ぜし、
仕上げに[B]を加えてさっと混ぜ、火を止めます。

⑤ ②のセロリ、にんじん、グリーンカールを添えて
皿に盛りつけます。

⑥ グリーンカールで肉と野菜を巻いて食べます。

セロリと豚肉のレモン炒め

辛くて酸っぱい、元気が出るアジアな一皿。
さらに辛い味が好きというかたは、こしょうのかわりに鷹の爪を。
そのときはにんにくといっしょに炒めはじめてくださいね。
ナンプラーが苦手だったり、ないときは、
塩をちょっと多めにするといいですよ。

材料 2〜3人分

豚ばら肉（スライス） …………… 200g
セロリ ………………………………… 1本
にんにく ……………………………… 1片
塩 ……………………………………… 小さじ1/2
ナンプラー …………………………… 大さじ1/2
レモン汁 ……………………………… 大さじ1と1/2
こしょう ……………………………… 少々
ごま油 ………………………………… 大さじ1/2

つくり方

① 豚ばら肉を3cmに切ります。

② セロリは茎を斜めに薄く切り、葉は3cmに切ります。

③ フライパンにごま油、スライスしたにんにくを入れて熱し、豚ばら肉を炒めます。

④ 豚ばら肉の色が変わったらセロリの茎を加え、塩、ナンプラー、こしょうで味付けをします。

⑤ セロリの葉を加え、ざっと混ぜたら火を止め、レモン汁を加えればできあがりです。

ポークソテー ねぎソース

たっぷりのねぎとしょうがの香り。
しょうゆとみりんで味付けした
ごはんによく合う和風ポークソテーです。
今回はロースを使いましたが、肩ロースでもおいしいです。
焼き上がった肉は切って時間が経つと固くなるので、
皿に盛る直前に切るのがポイントです。
しょうゆの一部を、ぽん酢しょうゆや梅酢にかえるとさっぱり味に。

肉のおかず

材料　2人分

豚ロース肉（1cm厚）……………2枚
塩 ………………………………少々
こしょう ………………………少々
サラダ油 ………………………適量
長ねぎ …………………………1本
[A]
　しょうゆ ……………………大さじ1と1/2
　酒 ……………………………大さじ1
　みりん ………………………大さじ1/2
　しょうが（すりおろしたもの）………小さじ1/2

###

① 豚ロース肉を、縮まないようにすじ切りし
　（脂身と肉の間のすじを切るようにして
　包丁で切り込みを入れます）、塩、こしょうをします。

② 長ねぎを小口切りにします。

③ 熱したフライパンにサラダ油をひき、
　豚ロース肉を焼きます。
　弱めの中火で片面約3分ずつ焼き、
　火が通ったら肉をまな板に取り出しておきます。

④ ③のフライパンに残った油で長ねぎを炒め、
　しんなりしたら[A]を加えます。

⑤ 肉を食べやすく切って皿に盛り、④をかけます。

ちいさな道具④ インド鍋

たとえば肉じゃがをつくるとき、
底面積が狭く深い鍋よりも、
底面積が広く浅い鍋のほうが、
全体にまんべんなく味がしみます。
この「インド鍋」は、
インドで家庭料理全般に使われているものですが、
まさしく底が広くて浅い鍋。
炒め物から揚げ物、煮物、
それから麺類を茹でるときにも便利です。
また、できあがった料理をすくうときも、
型くずれしにくいというよさがあります。
同じようなかたちで、フランスで買った
「少し深めのパエリア鍋」も愛用しています。

豆腐・卵・チーズ

食卓にあるとうれしいのが、お豆腐料理と卵料理。
そのままおかずになりそうなボリュームのものから、
朝ごはんのおかずにぴったりのもの、
夜、ちょっとおつまみに、というものまで
いろいろなレシピをそろえました。

肉豆腐

ごはんにも、お酒にも合う一品。
温泉卵といっしょにごはんにのせれば、丼としてもたのしめます。
今回は木綿豆腐を使いましたが、絹ごしや焼き豆腐など、
好みのものをお使いください。
また、牛肉を豚肉にかえてもいいですよ。
最後に火を止めてから、少しおいたほうが、
よく味がなじんでおいしく食べられます。

材料　2人分

豆腐（好みのもの）	1丁
牛肉（切り落とし）	150g
長ねぎ	1本
砂糖	大さじ1〜1と1/2
しょうゆ	大さじ2
酒	大さじ2
水または昆布だし	150cc
牛脂またはサラダ油	1コまたは大さじ1/2

つくり方

① 豆腐を8等分に切ります。

② 長ねぎは1cmの厚さで斜め切りします。

③ 熱したフライパンに牛脂かサラダ油をひき、
長ねぎをさっと焼き、いったん取り出しておきます。

④ 同じフライパンに肉を入れ、肉の色が変わったら、
砂糖、しょうゆを加えて混ぜ、
さらに酒、水または昆布だしを加えてひと煮立ちさせます。

⑤ 肉に火が通ったら長ねぎの皿に取り出し、
煮汁に豆腐を入れて落としぶたをし、
強めの弱火で10分煮ます。

⑥ 肉と長ねぎをフライパンに戻し、
ひと煮立ちさせて火を止めればできあがりです。

豚と豆腐のやわらか煮

にんにくとごま油の香りが食欲をそそる、
白いごはんによく合うおかずです。
卵は火を通しすぎないよう半熟に仕上げるのがコツ。
炒飯にかけて食べるのも、おすすめですよ。
ラー油もよく合いますので、試してみてくださいね。

豆腐・卵・チーズ

材料 2〜3人分

豚肩ロース肉（スライス） ………… 100g
絹ごし豆腐 ………………………… 1丁
卵 …………………………………… 1コ
にんにく …………………………… 2片
サラダ油 …………………………… 大さじ1/2
ごま油 ……………………………… 少々

[A]
　酒 …………… 大さじ2
　水 …………… 100cc
　鶏がらスープの素
　（顆粒）………… 小さじ1
　塩 …………… 小さじ1/2

[B]
　片栗粉 ……… 大さじ1/2
　水 …………… 大さじ1

つくり方

① [A][B]をそれぞれ合わせます。

② 豚肩ロース肉を3㎝幅に切ります。

③ にんにくをみじん切りにします。

④ フライパンにサラダ油と
　③のにんにくを入れて火にかけ、
　香りが出てきたら②の豚肩ロース肉を入れて炒めます。

⑤ 豚肉の色が変わったら、絹ごし豆腐をまるごと入れ、
　くずしながら軽く炒めます。

⑥ ⑤に[A]を入れ、
　沸騰したらよく溶いた[B]を加えて混ぜます。

⑦ とろみがついてきたら、卵を溶いて加え、
　ざっくり混ぜて火を止め、
　仕上げにごま油を加えてできあがりです。

揚げ豆腐のたれ漬け

薄く切った豆腐を油の中でじんわり静かに揚げ、
中はとろり、外はサクサクの薄揚げに。
そのままナンプラーのタレにさっとくぐらせ、
エスニック風味に仕上げます。
好みで一味唐辛子や粉山椒をどうぞ。

材料　4人分

絹ごし豆腐	1丁
揚げ油	適量
細ねぎ	適量

[A]
- ナンプラー……大さじ1
- 水……大さじ1
- 砂糖……ふたつまみ
- 酢……小さじ1/3
- おろしにんにく……少々

つくり方

① 絹ごし豆腐を軽く水切りし、1cmの厚さに切ります。

② [A]を合わせてタレを作ります。

③ 細ねぎは小口切りにします。

④ フライパンに油を1cmほど入れて中火で熱し、豆腐を静かに入れます。

⑤ 下の面が固まって、きつね色になったらひっくり返し、両面をこんがり揚げ焼きにします。
固まってからでないと、
返すとき失敗しやすいので気をつけてくださいね。

⑥ 揚げた豆腐の油を切ってから、②にくぐらせ、器に盛り、上から細ねぎを散らします。

変わり揚げ出し豆腐

ソース味のタレに、紅しょうがと桜えび。
いつもとちがう、たこ焼き風味の揚げ出し豆腐です。
コツは、高温の油で手早く揚げること。
ちなみに中濃ソースをうすくちしょうゆにかえ、
おろししょうがを添えれば、おなじみの揚げ出し豆腐に。
フライパンなどで「揚げ焼き」にしてもいいですね。

材料　2人分

豆腐(好みのもの) …………………… 1丁
片栗粉 ………………………………… 適量
だし汁 ………………………………… 100cc
中濃ソース …………………………… 50cc
長ねぎ ………………………………… 1/2本
紅しょうが …………………………… 適量
桜えび ………………………………… 適量
揚げ油 ………………………………… 適量

つくり方

① 豆腐を水切りします。

② 長ねぎは小口切りにして水にさらしておきます。

③ 紅しょうがと桜えびを刻んでおきます。

④ だし汁、中濃ソースを混ぜて
「だしソース」をつくります。

⑤ 豆腐を8等分に切って片栗粉をまぶし、
170〜180℃の油でこんがり揚げます。

⑥ ⑤の豆腐を器に盛り、④のだしソースを温めてかけ、
水気を切った長ねぎと、紅しょうが、
桜えびを散らします。

切干だいこん入り卵焼き

桜えびと切干だいこんが入った卵焼きは、
ボリュームもカルシウムもたっぷり。
大きく焼いた卵焼きは、いちどに返すのは難しいので、
フライパンの中で適当な大きさに切り分けてからひっくり返すと
失敗が少なく、きれいにできますよ。

材料 2人分

卵	3コ
塩	小さじ1/2弱
こしょう	少々
切干だいこん	20g
桜えび	大さじ1
細ねぎ（小口切りにして）	小さじ2
サラダ油	適量

[A]
- 水 …… 大さじ4
- 酒 …… 大さじ1
- 鶏がらスープの素（顆粒）…… 小さじ1/2

つくり方

① 切干だいこんをさっと洗い、水に10分程度つけて戻したら、ザルにあけて水気を切り、軽くしぼって、食べやすい長さに切ります。

② 桜えびを粗く刻みます。

③ 小鍋に①、②、[A]を入れ、ときどき混ぜながら、弱めの中火で5分間煮て、汁が少し残っている状態で火を止めます。

④ ボウルに卵を溶きほぐし、塩、こしょう、細ねぎ、③を加え混ぜます。

⑤ 熱したフライパンにサラダ油をひき、④を流し入れ、両面をふんわりと焼きます。

オムレツの海苔ソース

潮の香りがただよう、真っ黒なソース。
見た目にインパクトのある料理です。
おいしく仕上げるコツは、おいしい海苔を使うこと!

材料 2〜3人分

卵	3コ
海苔	2枚
水	300cc
鶏がらスープの素(顆粒)	小さじ1
片栗粉	小さじ1/2＋小さじ1 (分けて使います)
塩	小さじ1/2
みりん	小さじ1
サラダ油	適量

つくり方

① 水に鶏がらスープの素を溶かします。

② ①から100ccを分け、片栗粉小さじ1/2、塩、みりん、卵を溶いておきます。

③ 残りの鶏がらスープ200ccに片栗粉小さじ1、塩ひとつまみ(分量外)を入れ、へらで混ぜながら火にかけ、沸騰してとろみがついたら、海苔をちぎって入れ、溶かします。

④ ②の卵液を、サラダ油をひいたフライパンで焼いて、オムレツにし、③の海苔ソースをかけてできあがりです。

えびとトマトの
スクランブルエッグ

甘酸っぱいトマトと、ぷりぷりのえびを
ふわふわの卵でとじました。
うまみのポイントはケチャップ。
半熟に仕上げて、できたての温かいうちにどうぞ。
えびのかわりに鶏肉を使ってもよく合いますよ。

材料　2〜3人分

- えび …………………… 100g（殻をむいて背ワタを取ったもの）
- トマト …………………… 1コ
- 卵 ……………………… 2コ
- 塩 ……………………… 小さじ1/3
- こしょう ………………… 少々
- [A]
  - 水 ………………………………… 50cc
  - ケチャップ ……………………… 大さじ1/2
  - 鶏がらスープの素（顆粒）……… 小さじ1

つくり方

① えびを1.5cmくらいに切ります。

② トマトは1cm角に切ります。

③ フライパンに①と②、
混ぜた[A]を入れ火にかけます。
沸騰したら火を弱め、
トマトがくずれるぐらいまで3〜4分煮ます。

④ ボウルに卵を溶き、塩、こしょうをしてから
③の中へ流し入れます。
ふつふつしてきたら、大きくかきまぜて、できあがり。

海苔・おかか・クリームチーズのおつまみ

簡単に、すぐにできるおつまみです。
お酒のおともに、おやつに、ごはんの副菜にどうぞ。
ポイントは、おいしい海苔を使うこと。
お好みでわさびと刻みねぎをのせてもおいしいですよ。

材料 つくりやすい分量で

海苔 ………………… 適量
 ……… 適量
おかか ……………… 適量
しょうゆ …………… 適量

つくり方

① 5cm角に切った海苔に、
　クリームチーズを小さじ1くらいのせます。

② おかかをかけ、しょうゆをたらします。

ちいさな道具⑤ あみじゃくし

出汁をつくり、濾すときに
（本格的にはさらしを使ったりもしますが）
家庭料理でさほど気を遣わなくてよいときは、
あみじゃくしひとつで済ませます。
ですので、平たいものよりも、
すこし深めのもののほうが
たっぷりと出しがらがすくえて便利です。
また、ゆで卵をつくるのに
熱湯に卵を入れるときにも使えます。

ごはん

毎日のように食べるお米。
炊く、まぜる、のせる、炒める……、
こんなふうにアレンジすると
またちがったたのしみがうまれます。
ランチや夜食にもぜひどうぞ。

朝ごはんの手巻きずし

朝ごはんでよく出てくる食材を使って、
かんたんな手巻きずしをつくります。
ふつうの酢めしに比べて、ややあっさりめ。
ごま油の香りが食欲をそそります。
さらにお好みでごまをふってもいいですね。

材料　4〜5人分

米	3合
水	適量（約540cc）
ごま油	大さじ1〜2
塩	小さじ1
酢	大さじ1
海苔	適量

[具]
- アジの干物
- 鮭の粕漬け
- 漬物
- めんたいこ

- 大葉
- みょうが
- 甘い卵焼き

などお好みで

つくり方

① ごはんを炊き、ごま油、塩、酢を加えてさっくり混ぜます。

② ごはんに合いそうな具を、お皿に盛ります。
具は、アジの干物を焼いてほぐしたもの、
鮭の粕漬けを焼いてほぐしたもの、
漬物（にんじん、なす、きゅうり、だいこん、しょうが、ごぼう）、めんたいこ、大葉、みょうが、甘い卵焼き、
ほかにも、納豆、たまねぎのスライス、さばの水煮缶、キムチ‥‥アイデア次第でどうぞ。

③ 1/4に切った海苔にごはんと具をのせて、
くるっと巻いておめしあがりください。

おかゆ

シンプルな白がゆ。からだにやさしくしみこみます。
おかか梅に加えて、細かく切ったみょうがや細ねぎ、
大葉、ほぐした塩鮭などを足してもいいですね。
ほかにも、塩昆布や佃煮など、お好みのトッピングでどうぞ。

材料　2人分

米 ……………………… 1合
水 ……………………… 1000cc

[おかか梅]
　梅肉 ……………… 30g
　おかか …………… 1.5g（小分けのパック半分弱）
　しょうゆ ………… ひとたらし

つくり方

① 米を研ぎ、20分浸水させたあと、
　ザルにあげておきます。

② おかか梅をつくります。梅肉を軽くたたいて、
　おかかとしょうゆを加えて混ぜます。

③ 鍋に湯を沸かし、①を入れ、再沸騰したらヘラで
　鍋底に張りついた米をはがします。
　少しずらして（隙間をあけて）フタをして、
　ごく弱い沸騰で15分炊きます。

④ 15分経ったら火を止めて、フタをして5分蒸らします。

春菊とねぎの
目玉焼きのせごはん

刻み野菜とじゃこをごま油で炒め、
半熟に仕上げた目玉焼きをのせ、
崩してごはんと混ぜながらいただきます。
春菊のかわりに、にらやセロリもよく合います。
じゃこを桜えびにかえてもいいですよ。

材料 2人分

長ねぎ	5 cm
春菊	2本
じゃこ	大さじ3
白ごま	大さじ1/2
ごま油	大さじ1と1/2
塩	小さじ1/2
ごはん	2膳分
卵	2コ
サラダ油	適量
酢	お好みで

つくり方

① 長ねぎはみじん切り、春菊は端から細かく切ります。

② 熱したフライパンにごま油をひき、
①の野菜、じゃこ、白ごまを入れて軽く炒め、
塩を加えます。

③ サラダ油をひいたフライパンで目玉焼きを焼きます。

④ あたたかいごはんを皿に盛り、
②をのせ、目玉焼きを添えます。
ラー油やしょうゆ、ナンプラー、
酢をお好みでかけても。

じゃこと油揚げの
炊き込みごはん

おかずにも合うよう、薄味に仕上げた炊き込みごはん。
一緒に炊きあげる梅干しが隠し味です。
ほのかな酸味が、じゃこや油揚げとマッチ。
食べる前に、ちぎった海苔や白ごまを散らしても。
ごぼうを一緒に炊いて具だくさんにするのもおすすめです。
お酒のあとの〆にも最適ですよ。

材料　4〜5人分

米	3合
水	適量（540cc）
油揚げ	1枚
じゃこ	30g
梅干し	2〜3コ
昆布	5cm角1枚
酒	大さじ1
しょうゆ	少々

つくり方

① 米を研ぎ、15分水に浸してからザルにあげ、10分おきます。

② 油揚げはキッチンペーパーで油を軽く取ってから、5mm角に刻みます。

③ 炊飯器に米、酒を入れ、3合の線まで水を加え、じゃこ、油揚げ、梅干しをちぎって種ごと入れます。

④ 昆布をのせ、しょうゆをひとたらしして炊きます。

⑤ 炊きあがったら昆布と梅干しの種を取り、全体をふんわり混ぜていただきます。

トマトとなすの洋風卵とじごはん

オリーブオイルとにんにくで野菜を炒め煮にし、
それを卵でとじた、洋風のごはんです。
おいしくつくるポイントは、なすの下ごしらえ。
炒める前に塩をして、余分な水分を出すことで、
なすが油っぽくなるのを防ぎます。
お好みで粉チーズをふってもいいですよ。

ごはん

材料 2人分

なす	3本	塩	小さじ約1/2
しいたけ	3枚	こしょう	少々
トマト	2コ	卵	2コ
にんにく	1片	ごはん	2膳分
オリーブオイル	大さじ1と1/2	イタリアンパセリ（またはバジル）	適量

つくり方

① なすは皮をむいてタテ4等分にし、1.5cmの長さに切ります。

② しいたけは半分に切ってからスライス、トマトは1cmの角切りに、にんにくはみじん切りにします。

③ なすをボウルに入れ、塩ふたつまみ（分量外）をふり、混ぜます。2〜3分して水分が出たらキッチンペーパーでふき取ります。

④ フライパンに、オリーブオイル、にんにくを入れて火にかけます。香りが出てきたら、なす、しいたけを入れ、くたっとするまで中火で約5分焼きます。

⑤ トマトを加え、フタをして、ときどき混ぜながら弱火で6〜7分煮ます。

⑥ フタを取り、弱火のままさらに2〜3分煮て、水分が少なくなったら塩、こしょうで味をととのえます。

⑦ 溶いた卵を入れ、中火にして火が通るまで大きくかき混ぜます。

⑧ あたたかいごはんを器に盛り、⑦をのせ、好みでイタリアンパセリやバジルを散らします。

タコライス

脂が多いひき肉のかわりに、
ざく切りにした牛肉を使ったタコライスです。
ごはんを減らして野菜を多めにすれば、
食べごたえたっぷりで、ヘルシーです。
牛肉を豚肉にかえたり、シュレッドチーズを好みのチーズや、
粉チーズにしてもいいですよ。
辛くしたかったら、最後にタバスコをかけるのもおすすめです。

材料 2人分

ごはん	2膳分
牛肉の切り落とし	180g
サラダ油	小さじ1
たまねぎ	1/4コ
おろしトマト	1/2コ分
おろしにんにく	小さじ1/2
チリパウダー	大さじ1/2
（あるいは一味小さじ1/2でも）	
塩	小さじ2/3
こしょう	少々

[トッピング]
- 角切りトマト …… 1/2コ分
- レタス …… 3枚
- シュレッドチーズ（ミックス）…… 適量

つくり方

① 牛肉を1cmくらいのざく切りにします。

② トマトは、1/2コを角切りに、1/2コをすり下ろします。

③ レタスを太めのせん切りに、たまねぎをみじん切りにします。

④ タコスミートを調味します。
フライパンにサラダ油をひき、たまねぎ、牛肉、おろしにんにくを加えて炒めます。

⑤ 牛肉に火が通ったら、おろしトマト、塩、チリパウダー、こしょうを加えてさっと炒め、火を止めます。

⑥ 器にごはんを盛り、⑤をかけ、上から角切りトマト、レタス、シュレッドチーズをのせてできあがりです。

牛肉トマト煮ごはん

フライパンひとつでかんたんにできる、
ビーフ・ストロガノフ風のごはんです。
皿に添えるサワークリームが、味をまろやかに。
生クリームやヨーグルトでも代用できますよ。
また、中濃ソースは、とんかつソースや
ウスターソースなどにしても大丈夫です。

材料 2人分

牛肉スライス
（切り落としなど）……150〜200ｇ
たまねぎ……………1/2コ
マッシュルーム……4コ
バター………………大さじ1/2

サラダ油…………大さじ1/2
サワークリーム……適量
ごはん……………2膳分

[A]
- トマトジュース……………………190ｇ（小1缶）
- 中濃ソース………………………大さじ3
- おろしにんにく……………………小さじ1/2
- こしょう…………………………少々

つくり方

① たまねぎは1cmのくし形に切り、
マッシュルームは4等分にスライスにします。
牛肉が大きければ、食べやすい大きさに切ります。

② 熱したフライパンにバターとサラダ油をひき、
たまねぎ、マッシュルームを入れて炒め、
ある程度火が通ったら、牛肉を入れてさっと炒め、
いったん取り出します。

③ 同じフライパンに[A]を加え、
沸騰したら1分ほど煮詰めます。

④ フライパンに③を戻し、沸騰したら1〜2分煮て、
味をみて足りなければ、
塩（分量外）で味をととのえます。

⑤ 器にあたたかいごはんをよそい、④をかけ、
サワークリームを添えてどうぞ。

しば漬け炒飯

炒飯をおいしくつくるコツは、大きめのフライパンを使うこと。
ここでは豚肉を使いましたが、
じゃこでもおいしくつくることができますよ。

材料 2人分

豚ばら肉 …………50g	しば漬け …………40g
塩 …………小さじ1/3	長ねぎ …………5cm
しょうが	ごはん …………2膳分
(みじん切り)………小さじ1	大葉 …………2枚
サラダ油 …………大さじ1/2	白ごま …………適量
卵 …………1コ	

[A]
- しょうゆ …………小さじ1
- 酒 …………小さじ1

つくり方

① 豚ばら肉を1cm幅に切り、塩をまぶしておきます。

② しば漬けは粗く刻み、長ねぎはみじん切りに、大葉はタテ半分に切ってからせん切りにします。

③ 卵をボウルに割り入れ、溶いておきます。

④ 熱したフライパンにサラダ油をひき、
しょうが、豚ばら肉を入れて炒めます。
肉に火が通って脂が出てきたら、フライパンの端によせ、
空いたところに溶き卵を流し入れ、大きくかき混ぜます。
卵が半熟になったらあたたかいごはんを加え、
卵とごはんをほぐすように混ぜ、
豚ばら肉も一緒に炒めます。

⑤ しば漬けと長ねぎも加えてさらに炒め、
[A]を鍋肌からまわし入れて全体を混ぜ、仕上げます。
最後に味をみて、足りないようなら
塩(分量外)で味をととのえます。

⑥ 器に盛り、大葉をのせ、白ごまをふります。

まぜごはん

どんぶりでもなく、炊き込みでもない「まぜごはん」です。
味つけは「塩」だけですが、鶏やごぼう、
油揚げ、かつお出汁からでるうま味がたっぷり。
お好みで、焼海苔をちぎって散らしたり、
甘いそぼろ卵をそえてもいいですよね。

材料 4〜5人分

米 ……………………… 3合
水 ……………………… 540cc
（炊飯器の場合は3合の線まで）
鶏もも肉 …………… 200g
（ちいさめなもの1枚）
ごぼう ………………… 約1/2本
（100g）

油揚げ ………………… 1枚
かつお出汁 ………… 150cc
塩 ……………………… 小さじ2
三つ葉 ………………… 1/2束

つくり方

① 鶏もも肉を皮ごと1cm角に切ります。

② ごぼうは短めのささがきにして水にさらしておきます。

③ 油揚げはペーパーなどで油を取り、細かく切ります。

④ 米を洗って15分浸水させ、ザルに上げて10分置き、炊飯します。

⑤ 小鍋に鶏もも肉、ごぼう、油揚げ、だし汁、塩を入れて火にかけ、中火で約7〜8分、水分がほとんどなくなるまで煮ます。

⑥ 米が炊き上がったら、⑤を入れて混ぜ、5分ほど蒸らします。

⑦ 全体を混ぜて、器に盛り、三つ葉を散らしてできあがりです。

かんたんパエリア

あさり、えび、チキンのうま味がたっぷり！
サフランを使わずにつくるかんたんパエリアです。
すりおろしたトマトが、
酸味とともに、ほんのりお米に色をつけます。
お米は研がずに、そのまま使ってくださいね。
えびは、小さなものなら切らずにそのまま、
大きなものなら食べやすい大きさに。
（お好みのものをどうぞ！）

材料　4〜5人分

米	2合（320ｇ）
えび	殻をむいて約200ｇ
あさり	200ｇ
たまねぎ	1/4コ
赤パプリカ	1コ
トマト	2コ
鶏がらスープ	450cc（トマトのすりおろしと合わせて）
にんにく	1片
いんげん	6本
塩	小さじ1〜1と1/2
パプリカパウダー	小さじ1/2
オリーブオイル	大さじ1と1/2〜2

つくり方

① えびは殻をむき、一口大に削ぎ切りにします。

② あさりは海水ていどの塩水に漬けて砂抜きし、
ザルにあげておきます。

③ たまねぎ、にんにくはみじん切り、赤パプリカはせん切り、
いんげんは3cmの長さに切っておきます。
トマトはすりおろしておきましょう。

④ フライパンかパエリア鍋ににんにく、
オリーブオイルを入れて中火にかけ、香りが立ってきたら
たまねぎ、赤パプリカを加えて炒めます。

⑤ 火が通ったら、えび、パプリカパウダー、塩を加えて
1〜2分炒めます。

⑥ 米を加え、軽く炒めて混ぜたら、
トマトのすりおろしと鶏がらスープを入れてひと混ぜし、
あさり、いんげんを上にのせ、
弱火にしてアルミホイルでふたをして、17分火にかけます。

⑦ チリチリと音がしてきたら
火を止めて10分蒸らせばできあがりです。

えびとフレッシュトマトのドリア

ごはんを炒めない（バターライスやピラフではない）、
オーブントースターでつくることができる
簡単ドリアです。
生トマトを使うので、ほのかな酸味も楽しめます。
えびのかわりに、鶏肉やツナ、シーフードミックスでも。

材料　2人分

- ごはん ……………… 400g
- トマト ……………… 1/2コ
- 塩 …………………… 少々
- こしょう …………… 少々
- 殻つきのえび ……… 6尾
- ［ホワイトソース］
  - バター ………… 20g
  - たまねぎ ……… 1/4コ
  - 薄力粉 ………… 大さじ2
  - 牛乳 …………… 350cc
  - 塩 ……………… 小さじ2/3
  - こしょう ……… 少々
- マッシュルーム …… 4コ
- サラダ油 …………… 少々
- 水 …………………… 大さじ2
- シュレッドチーズ … 適量
- パセリ ……………… お好みで

つくり方

① えびの殻をむいて背わたを取り除き、タテ半分に切ります。

② トマトを角切りにします。

③ マッシュルームとたまねぎをそれぞれスライスしておきます。

④ 熱したフライパンにサラダ油を入れ、えびとマッシュルームを中火でさっと炒め、水を加えて1分経ったらボウルなどに移しておきます。

⑤ ホワイトソースをつくります。
④のフライパンにバターを溶かし、たまねぎを炒め、薄力粉を入れ弱火で炒めます。

⑥ 2分くらい経ったら、
ひと肌に温めた牛乳を⑤に一気に入れ、
ヘラで混ぜ続けてとろみがついてきたら④を戻し、
3〜4分煮て、塩、こしょうで味をととのえます。

⑦ ごはんに塩、こしょう少々で軽めに味つけをし、
②のトマトを混ぜます。

⑧ ⑦をグラタン皿に入れ、ホワイトソースをかけ、
シュレッドチーズをのせます。

⑨ オーブントースターで
約8分(または220℃に温めたオーブンで12〜13分)
きつね色になるまでこんがり焼きます。

⑩ 好みでパセリのみじん切りを散らしてどうぞ。

めんとスープ

手軽に食べられるものですけれど、
ひと手間加えるとごちそうにかわります。
たっぷりつくれば一食ぶんにもなりますし、
すこしずつ分けて、主菜のおともや、
最後の〆として食卓にのせてもいいですよね。

あさりと海苔のとろみうどん

ごちそう感たっぷりの、海苔うどんです。
うどんは、コシが強いものよりも、やわらかいほうが、
海苔のつゆとの相性がよいかもしれません。
食べるときに、ラー油や山椒の粉、
すりごまなどをお好みでかけてくださいね。

材料　2人分

ゆでうどん
（冷凍うどんなど）……… 2玉分
あさり
（砂抜きしたもの）……… 300g
酒 ……………………… 大さじ2
水 ……………………… 600cc
塩 ……………………… 小さじ1

鶏がらスープの素
（顆粒）………………… 小さじ2
片栗粉 ………………… 小さじ2
卵 ……………………… 2コ
三つ葉 ………………… 適量
海苔 …………………… 1枚

つくり方

① 鍋にあさりを入れて酒を加え、フタをして、中火で蒸し煮にします。

② あさりの殻があいたら取りだし、飾りになる程度の数を残して、殻から身をはずしておきます。（汁は残したままにします。）

③ ②の鍋に水、鶏がらスープの素、塩を入れて沸騰させ、ゆでうどんを入れます。

④ 塩少々（分量外）で味をととのえ、片栗粉を水小さじ4（分量外）で溶いて加え、とろみをつけます。

⑤ ②のあさりをもどして、溶き卵をまわし入れ、火を通します。

⑥ 三つ葉、海苔をのせておめしあがりください。

野菜のおろしそうめん

野菜のすりおろしをつけダレにした、
目にも涼しいかわりそうめんです。
さっぱりした野菜に、みそのコクが絶妙にからみますよ。

めんとスープ

材料　2人分

そうめん …………………… 2〜3束
細ねぎ …………………… 2〜3本
ごま油 …………………… 大さじ1/2
みそ …………………… 大さじ1
塩 …………………… 適量

[すりおろし野菜]
　だいこん（＊）
　トマト
　にんじん
　きゅうり
　セロリ　など、合わせて約1カップ

＊だいこんは多め（カップ1/3くらい）に、ほかの野菜はお好みで。

つくり方

① だいこん、トマト、にんじんなど、細ねぎ以外の野菜はすべてすりおろし、汁ごとボウルに入れておきます。

② 細ねぎは小口切りにします。

③ そうめんは表示通りにゆで、水で洗い、水を切ります。

④ そうめんを器に盛り、②をのせ、熱したごま油をねぎの上にかけ、よく混ぜます。

⑤ すりおろした野菜にみそと塩を加え混ぜます。
　味をみながら塩でととのえます。

⑥ ④のそうめんを⑤のタレにつけながら食べましょう。

すいとん

汁の味つけもごくシンプルにアレンジした、
とっても簡単にできるすいとんです。
タネに加える水の量を少なくすると、
しっかりとした嚙みごたえが出ます。
干ししいたけは、生のしいたけでもOKです。
ごぼうは時間が経つと黒ずむので、
時間をおく場合は水にさらしてください。

めんとスープ

材料　丼で3〜4人分

豚ばら肉スライス …… 100g
油揚げ …………………… 1/2枚
ごぼう …………………… 1/2本
　　　　　　　　　　（約100g）

長ねぎ ………………… 1本
しょうゆ……………… 大さじ1
塩 …………………… 小さじ1

[すいとんのタネ]
　薄力粉 ………100g
　水 ………90cc
　　　　　（お好みで調整）

[A]
　干ししいたけ …… 2枚
　昆布 ………… 5cm
　水 …………… 1000cc

つくり方

① すいとんのタネをつくります。薄力粉をボウルに入れ、水を少しずつ注ぎながらスプーンなどで粉っぽさがなくなるまでしっかり混ぜます。

② [A]を合わせ、干ししいたけが戻るまで浸けておきます。（戻し汁も使います。）

③ 具材の下ごしらえをします。戻した干ししいたけは石づきを取り、スライスします。

④ 豚ばら肉を7mm幅に切ります。

⑤ 油揚げはタテ半分に切ってから、7mm幅に切ります。

⑥ ごぼうをささがきにします。

⑦ 長ねぎを斜めに薄切りにします。

⑧ 鍋に②と③を入れ、沸騰直前で昆布を取り出し、豚ばら肉、油揚げ、ごぼう、しょうゆ、塩を加えます。

⑨ 沸騰したら①のタネをスプーンですくって落とします。

⑩ 火が通ったら火を止めて、最後に長ねぎを入れてできあがりです。

卵とコーンのふるふるスープ

ふるふるの卵とコーンクリームの相性が抜群。
蒸し器でつくる、茶碗蒸しのような、
とてもやさしい味のスープです。
生のとうもろこしの粒があれば、
ハムと一緒に入れてもおいしいですよ。
ハムを小さく切った鶏肉やひき肉にかえても。

めんとスープ

材料 3〜4人分

卵	1コ
ハム	2枚
コーンクリーム(缶)	100g
細ねぎ	適量
ごま油	少々
[A]	
水	250cc
鶏がらスープの素(顆粒)	小さじ1
塩	小さじ1/2

つくり方

① 卵をよく溶き、混ぜた[A]を少しずつ注ぎます。

② ハムは5〜7mmの角切りにします。

③ 細ねぎは5mm幅の小口切りにします。

④ 人数分の器にコーンクリームを等分して入れ、
②のハムをのせ、静かに①を注ぎ、
アルミホイルでフタをします。

⑤ ④の器を並べた鍋に、
器の半分くらいの深さまで熱湯を注ぎます。

⑥ 鍋にフタをして最初の1分は強火で蒸し、
そのあと弱火にしてさらに15〜18分蒸します。

⑦ 竹串をさして、固まっていない場合は蒸し時間を追加します。

⑧ ③をごま油で和え、のせます。

⑨ 卵をくずしながら、コーンクリームと混ぜて食べましょう。

春雨入り高菜スープ

漬物の酸味がきいていますから、さっぱりしていて、
夜食にもおすすめ。
きのこ類をプラスしてもいいですね。
なお、このレシピは漬物の塩分で味をつけますので、
薄ければ、塩などで味をととのえてくださいね。

材料 2人分

豚ばら肉	70g
高菜漬け	100g
しょうが	1/2片
サラダ油	大さじ1/2
水	500cc
鶏がらスープの素(顆粒)	小さじ1〜2
春雨	40g
白ごま	適量
ラー油	お好みで

つくり方

① 豚ばら肉を1cm幅に切ります。

② 高菜漬けは粗くみじん切りにし、しょうがはせん切りにします。

③ 春雨をぬるま湯に5分つけ、ザルにあげて水を絞り、食べやすい長さに切ります。

④ 熱した鍋にサラダ油をひき、しょうが、豚ばら肉を入れて炒めます。

⑤ 肉の色が変わったら、高菜漬けを加え、さらに炒めます。

⑥ ④の鍋に水と鶏がらスープの素を加え、沸騰したら③の春雨を入れます。

⑦ 春雨がほぐれたら、器に盛り、白ごまを指でつぶしながらふりかけます。ラー油はお好みでどうぞ。

れんこんと黒ごまのすり流し汁

すりおろしたれんこんをだし汁に流し入れ、
自然のとろみをいかした、
口当たりのなめらかな汁ものです。
塩のみのシンプルな味つけ。
だし汁は、かつおと昆布でも、昆布だけでも大丈夫。
れんこんのかわりにじゃがいもを使ってもいいですよ。

材料 4人分

れんこん ……………………… 300g
だし汁 ……………………… 800cc
塩 ……………………………… 小さじ1強
黒すりごま ………………… 大さじ1
三つ葉 ……………………… 適量

つくり方

① れんこんは半分を5mm厚のいちょう切りにし、酢水(分量外)に5分浸してから水で洗い、ザルにあげておきます。

② 残りのれんこんをすりおろします。

③ 三つ葉を刻みます。

④ 鍋にだし汁と①を入れ、中火にかけます。

⑤ れんこんが煮えたら、②と塩を加えて、混ぜながら煮ます。

⑥ とろみがついてきたら、味をみて塩(分量外)でととのえます。

⑦ 器に盛り、黒すりごまと③を散らします。

ちいさな道具⑥ キッチンばさみ

ふだんの調理はもちろん、
CMやドラマの撮影など仕事のときにも
活躍するのがキッチンばさみです。
ちいさな魚の骨などは、包丁よりもはさみのほうが
さばきやすかったりもしますし、
細ねぎを急いでトッピングするとき、
まな板を使わなくてもいいので助かります。
定規のついているもの、
刃がギザギザになっているもの、
カーブしているもの、
ねじを外して分解洗浄ができるものなど、
いろいろな種類を使っています。

デザート

さっとつくることができるデザートを2品。
和洋折衷のメニューですから、
洋食のおかずのときでも、
和食のときでも大丈夫。
おやつにも、ぴったりです。

ミルクきなこぜんざい

切りもちを活用してつくる、和洋折衷のあたたかいデザートです。
粒あんのかわりに、
すったくるみや黒ごまでもおいしくいただけます。
牛乳のかわりに豆乳、きなこのかわりにココナッツミルクでも、
おいしくできあがりますよ。

デザート

材料　2人分

切りもち ……………………………… 2コ
牛乳 …………………………………… 100cc
きなこ ………………………………… 大さじ1
砂糖 …………………………………… 大さじ1/2
ゆであずき（市販品、加糖）…………… 適量

つくり方

① 牛乳を小鍋に入れて中火にかけ、きなこ、
　砂糖を加えます。

② 沸いたら弱火にして、静かにもちを入れ、
　ときどきひっくり返しながら4分煮ます。

③ もちがやわらかくなったら、火を止め、フタをして、
　1分蒸らします。

④ もちを器に移し、汁を少しかけ、
　ゆであずきを適量のせてできあがりです。

あずきコーヒーアイス

材料を混ぜて冷凍庫へ。あとは凍るのを待つだけという、
特別な素材も道具も必要のない、かんたんなデザートです。
あずきとコーヒーは意外な組み合わせですが、
不思議とクセになる味わいなんですよ。
はちみつや練乳、きなこなど、お好みのトッピングを。
コーヒーのかわりに濃いめのほうじ茶でも!

デザート

材料　4人分

ゆであずき（市販品、加糖）………… 200g
コーヒー ………………………………… 100cc
生クリーム ……………………………… 100cc

つくり方

① ゆであずきをボウルに入れ、
　常温のコーヒーと生クリームを加えて混ぜます。

② チャック付きのビニール袋などに移し、
　冷凍庫で3〜4時間以上冷やし、固めます。

③ くだいて器に盛って、どうぞ。

食材別さくいん

お肉

牛肉	42、72、100、102
鶏のささみ	8、40
鶏ひき肉	36
鶏もも肉	106
ハム	32、120
豚肩ロース肉（スライス）	64、74
豚肉（しゃぶしゃぶ用）	60、62
豚ばら肉	64、66、104、118、122
豚ロース肉	68

魚介類

あさり	108、114
アジの干物	90
いわし	52
えび	84、108、110
かじきまぐろ	54
桜えび	34、78、80
鮭の粕漬け	90
さば	48、56
じゃこ	94、96
しらす	10、44
スモークサーモン	12
トラウトサーモン	50
生鮭	50
めんたいこ	90

野菜・果物・きのこ

赤パプリカ	108
赤ピーマン	42
アボカド	8
イタリアンパセリ	98
いんげん	108
大葉	34、90、104
かいわれ	62
かぶ	12
かぼちゃ	14
絹さや	42
キャベツ	34
きゅうり	8、30、116
九条ねぎ	16
グリーンカール	64
ごぼう	106、118
しいたけ	18、38、42、98
ししとう	48、50
しめじ	60
じゃがいも	36、40
香菜	32、40
春菊	94
しょうが	6、12、54、68、104、122
すだち	34
セロリ	60、64、66、116
だいこん	10、60、116
たまねぎ	32、36、42、48、62、100、102、108、110
トマト	10、32、56、62、84、98、100、108、110、116
長いも	20
長ねぎ	16、18、26、60、68、72、78、94、104、118
なす	6、54、98
にら	18、38
にんじん	60、64、116
にんにく	6、42、64、66、74、76、98、100、102、108
バジル	98
パセリ	110
細ねぎ	44、76、80、116、120

マッシュルーム	102、110
三つ葉	106、114、124
みょうが	90
レタス	32、60、100
レモン	8、32、64、66
れんこん	22、24、36、124

ごはん・めん・もち

うどん	114
切りもち	128
米・ごはん	90、92、94、96、98、100、102、104、106、108、110
そうめん	116

卵・チーズ・牛乳

牛乳	30、36、110、128
クリームチーズ	86
サワークリーム	102
シュレッドチーズ	100、110
卵	32、38、74、80、82、84、90、94、98、104、114、120
生クリーム	130
バター	36、102、110
ヨーグルト	30

その他

油揚げ	96、106、118
梅干し・梅肉	10、52、62、92、96
塩蔵わかめ	26
おかか	6、26、86、92
おから	30
きなこ	128
切干だいこん	80
黒ごま	24、124
コーヒー	130
コーンクリーム（缶）	120
さつまあげ	30
塩昆布	24
しば漬け	20、104
白ごま	8、30、42、44、94、104、122
高菜漬け	122
漬物	90
豆腐	72、74、76、78
トマトジュース	102
海苔	44、82、86、90、114
薄力粉	34、44、110、118
はちみつ	40
春雨	42、122
パン粉	36
紅しょうが	78
干ししいたけ	118
ゆかり	20
ゆであずき	128、130

※塩は海水を釜だきした「あら塩」をつかっています。

※鶏がらスープは顆粒を使ってもいいですよ。

LIFE 副菜2　もうひと皿！

2017年2月20日　第一刷発行

著　　　　　者	飯島奈美（7days kitchen）
料　理　助　手	板井うみ（7days kitchen）
	岡本柚紀（7days kitchen）
編　　　　　集	武井義明
	ゆーないと
	篠田睦美
進　　　　　行	岡田航
デ　ザ　イ　ン	岡村健一
デザインアシスタント	森志帆
イ　ラ　ス　ト	青井奈都美
写　　　　　真	飯島奈美（7days kitchen）
写　真　協　力	大江弘之
	神ノ川智早
協　　　　　力	武田景
発　行　者	糸井重里
発　行　所	株式会社ほぼ日
	東京都港区北青山2-9-5
	http://www.1101.com/
印　刷・製　本	株式会社　光邦

©2017 IIJIMA Nami + HOBONICHI
Printed in Japan
ISBN-978-4-86501-253-8 C0077

定価はカバーに表示してあります。
法律で定められた権利者の許諾を得ることなく、
本書の一部あるいは全部を無断で複写複製することは、
著作権法上の例外を除き、禁じられています。
万一、乱丁落丁のある場合は、お取り替えいたしますので、
小社宛　store@1101.com　までご連絡ください。

この本に関するご意見ご感想は
postman@1101.com　までお寄せください。